今日が
残りの人生
最初の日

須藤元気

講談社

今日が残りの人生最初の日

まえがき

「今日が人生最後の日だと思って生きる」

これは、僕が講演会や自著でいつも伝えているメッセージだ。こんなことを言うと、どこかのスピリチュアル本に書いてあることと同じかと思われそうだが、かつての僕は悩みや葛藤《かっとう》に包まれ、暗くて深い洞穴の中にいた。

まるで地底に取り残されたかのように、不安な日々を送っていた時期があり、抜け穴を探すためにしたことといえば、精神哲学の本を必死に読み漁《あさ》ることであった。

いま思えばそれらの本たちは、掘削技師のように暗い洞穴から僕をひっぱりあげてくれたように思う。そうして、そのたくさんの本によって、ふたたび太陽が輝く地上へと戻ってくることができたのだ。

僕にとって本とは、ときに洞穴から救出してくれる掘削技師であり、または慣れない靴をはいたときにできた靴ずれに貼る絆創膏《ばんそうこう》のようなものであった。

その、さまざまな本のおかげで思考と行動が変わり、世界が広がった。そして、人生を楽しむことができている。

そう、地底のような狭い世界にいたころに比べると、いまはとても快適で「選べる自由」がある。そして気づいたのだ。

「この世界では、自分の人生は、自分でつくれる」と。

僕たちは人生のストーリーを、自分で書き換える自由がある。自分自身に限界をつくらないことで、大きな自由を手にすることができるのだ。その秘訣は、「今日が人生最後の日」だと意識することである。

僕は二〇〇六年にプロの格闘家を引退してからも、「今日が人生最後の日」だと思って、自分が心から好きなこと、やりたいことは何かと、心に問いかけ生きている。

もし、今日が最後だとしたら、あなたは何をするだろうか？ いますぐやりたいことをやろう、会いたい人に会いに行こう、そうやって行動に移すはずだ。人にふりまわされる人生なんていますぐやめて、心の声に耳を傾けるはずである。

すると、ただの石ころのように思えた「残りの人生」は、ダイヤモンドのように輝き出すだろう。

思い出すのは、二〇一〇年の初夏の話。

長崎県で仕事を終えた後、ホテルに戻ろうと付き人として同行してもらった友人のイトウ君と歩いていると、目の前に素敵なジャズ喫茶があった。

中を覗《のぞ》いてみると、ミュージシャンたちが生演奏会を開いていた。

お店に入り、ビールを飲みながら音楽に酔いしれていると、「一曲歌わないですか」と誘われ、飛び入りでセッションに参加することになった。イトウ君もなんとなく太鼓を担当。

歌って踊って、みんながひとつになった感じがした。

「人生最後の日はこんな感じがいいね」

イトウ君とその後ホテルに戻ってウイスキーを飲みながら語ったのを覚えている。

毎瞬毎秒を楽しく生きることが悩みとサヨナラし、人生で成功する最大のコツである。
今日が人生最後の日でもいいと思って生きるのだ。
あなたの未来は、いまこの瞬間の積み重ねでできあがる。
いまを楽しめれば未来も楽しいが、いま悩んでいれば未来も悩みに満ちることになる。

遠くにあればあるほど、未来は薔薇色に見えるかもしれない。
しかし、「いま」「ここで」を生きれば、薔薇を手にすることができるのだ。

目次

第二章　思考を変える

第一章

行動を変える

朝、夢日記をつける

起床直後は、ゴールデンタイムといっていい。

朝、起きたときのボーッとしている状態は、じつは脳波が眠っている状態のシータ波と、リラックスしている状態のアルファ波のちょうど中間にある貴重な時間である。

具体的には、一日の中でもっともインスピレーションを得やすい状態にあるのだ。


起き上がって移動してしまうと、この状態は終わってしまうので、僕は枕元にペンとメモを置いている。

ペンは寝ているままの状態でも書きやすいものを選ぶといいだろう。そして、そのペンとメモで自分が見た夢を記録して、夢日記をつけるのだ。

見た夢を記録すると、自分のいまの精神状態を客観視できるようになる。インスピレーションを得やすい状態でそれを見ると、自分が抱えている問題に気づくことができるし、問題解決の方法も思いつきやすい。

起きてすぐケータイのメールをチェックする人が多いかもしれない。メールチェックも大切かもしれないが、朝に用意されたゴールデンタイムは、もっと有効に使われるべきだろう。

夢は、あなたの精神状態を映す鏡である。

あなたが見る夢は、いい気分のものが多いだろうか、それとも悪夢が多いだろうか。

悪夢を何日も見続けているとしたら、あなたは夢の中だけでなく、現実の世界でも問題を抱えているはずだ。

知り合いが出てくる悪夢なら、その人とのあいだに何か問題がある可能性が高い。

この状態を、「三次元の透明性の欠落」と僕は呼んでいる。

透明性が足りず悪夢を見続けるような人は、こうしなくてはいけないとか、こうあるべきだとか、視野は狭くなり、普通だったら気づくようなことにも気づけないことが多くなる。そして、そのイメージが夢に現れるのだ。

三次元の透明性が高い代表は、好き勝手やっている子どもたちである。彼らは常識や人の意見に動かされず、いまこの瞬間にベストと思うことをやっているので、非常に純粋であり透明性が高い。

透明性＝純粋さを忘れてはいけない。

この世界は、パラレルワールドだという考え方がある。

あなたが思ったことは、その瞬間に別の世界で本当に起こっているという考え方だ。

その考え方が正しいか正しくないかはさておき、あなたが思ったことや、あなたが見た悲惨な悪夢は全部、別の世界で本当に起こっているとしたらどうだろう。

また、僕らはみんなふだんの意識より上のレイヤー（層）にある高次意識を持っているという考え方もある。

生きているうちは、夢も含めて自分の意識したことをそのまま相手に伝えることはできないが（だから僕らは言葉を使う）、死んで高次意識にアクセスしたときに、すべてがみんなにバレてしまうとしたらどうだろう。

ネガティブなことは考えないほうがいいし、悪夢を見るような状態も改善しなくてはいけないと思えるのではないだろうか。

見た夢にも無責任ではいられなくなるはずだ。

ちなみに、夢に知人など思いもよらない人が出てくることがあるが、そういうときはたいてい向こうがあなたのことを考えているものだ。その人の意識が空間を超えて、あなたの意識にアクセスしているのである。

逆に、あなたがふと誰かのことを思ったときは、同時に相手の意識にあなたの意識がアクセスしていると思ったほうがいい。

世界はばらばらではなく、つながっているのだ。

「もの」を新陳代謝させる

僕は一日一個、「もの」を手放している。

何を手に入れるかより、何を手放すかのほうが大事だ。

古いものや使わないものは古い振動数があるので、自分自身のエネルギーを奪うものだと考えている。

インプットとアウトプットを繰り返し、身の回りのものを新陳代謝させると、つねに新しい自分でいられるようになる。そうすれば、新しい出会いや幸運が向こうからやってくるし、新しいアイデアや、問題の解決方法をひらめくことができる。

捨てるのがもったいないと思ったら、僕はその日に仕事で一緒になった人や友人たちに、何かをあげてしまうのだ。

CDや読み終わった本、しばらく着ていない洋服……気に入ったものでも、ある程度保有していたら、すぐに人にあげてしまう。

使わないものや着ない洋服に、何年も家賃を払うのはもったいないし、古いものに囲まれて暮らしていると、どうしても過去に引きずられてしまう。

僕はかつて、自分の車を手放した二日後に、スバルからレガシィ・アウトバックをプレゼントしていただいたことがある。あまりのタイミングのよさに、人生初の「ドッキリ」を疑ったほどだ。

人間の身体は細胞レベルで日々生まれ変わっていて、三ヵ月もすれば、まったく新しい自分になっているという。

細胞レベルではがらりと変わっているのに、あなたの気分が変われないとしたら、まわりの環境の古い振動が邪魔をしているからだ。

ものを少しずつ手放すことができれば、代わりに入ってくる新しいものがあなたの思考パターンを少しずつ変えていく。

別れた恋人のものは全部捨てる人もいるが、これはある意味真理である。過去のものを手放すことによって、物理的にも心理的にも身軽になれる。そこに新たなものや新しい恋が入ってくる余裕が生まれるのだ。


また、「もの」を持ちすぎないことも大切であろう。

マザー・テレサやブッダをイメージしてほしい。何かを成し遂げた生き方の達人は、物理的にも心理的にも非常に身軽である。

最低限の衣服と毛布くらいしか所有していないのではないだろうか。

彼らはフットワークが軽いからこそ、こうありたいという自分を自由に思い描き、そのイメージに身を投げ出し具現化することができた。

日本に住むほとんどの人の家には、ものがあふれんばかりにあるように思う。ドミニック・ローホー著『シンプルに生きる』（幻冬舎）には、「ある有名な写真家が世界中を巡って調査した結果、住民ひとりあたりの所有物の平均は、モンゴルで三〇〇個、日本では六〇〇〇個」という記述がある。日本人は、モンゴル人の二〇倍幸せかというと、そんなことはないだろう。

つまり、ものの数と幸せは比例しない。むしろ自由に生きることの妨げになるといっていい。

ものをたくさん持っている状態は、非常にエネルギーを使うし身動きが取れない。足かせが多すぎると、いまの状態を維持するほうが楽になってしまって新しいチャレンジができなくなるからだ。

さあ、今日は何を手放すか考えてみよう。

自然界を意識してみる

この地球上で、有機的秩序を壊しているのは人間だけだ。

宇宙や地球のリズムに意識を向けて、秩序を取り戻す生活をすると、すべてが調和して、シンクロニシティ（意味のある偶然の一致）が起きやすくなる。

たまたま起きたと考えるか、奇跡と感じるかは自由だ。

僕は、二八日周期を意識して生きている。

この世界は、二八日周期という自然界のリズムが多く存在する。月は約二八日周期で満ち欠けするし、女性の月経周期も約二八日周期だ。

満月の日は比較的に出産が多いといわれているし、珊瑚も夏の満月の日に一斉に産卵をする。

生命の神秘である。

しかし、僕らがいま使っているグレゴリオ暦のカレンダーは人工的な暦だ。

月ごとの日にちもばらばらで、自然のリズムとは一致していない。グレゴリオ暦を使っていると、頭でイメージする一ヵ月のサイクルと、身体が感じている二八日周期のサイクルがずれるので、頭と身体のサイクルがねじれたまま、日々を過ごすことになる。

たとえば、三三回転のLP盤を四五回転で聴くような、おかしなリズムで生活をしているのだから、サイクルのねじれが悩みや不安を増幅する要因になっていたとしても不思議ではない。

そんなワケだから、僕は月の満ち欠けや潮の満《み》ち干《ひ》きなど、自然界を支配している二八日というサイクルをとても大切にしている。

人工的な時計やカレンダーなどを基準にするのではなく、体感する自然のサイクルを生活の基準にしてみよう。

毎晩、月や星を見上げるだけでも、自然のサイクル（自分の身体のサイクル）を頭で感じることができる。

頭と身体のサイクルが合ってくると、自然界と調和している安心感が、あなたから悩みや不安を遠ざけていく。

「ありがとう」をノートに書く

「ありがとう」には、心のデトックス（解毒）効果がある。

嫌なことがあったとき、試しに一〇〇回唱えてみるといい。心が浄化されていくのがなんとなくわかると思う。

「ありがとう」という言葉は、もともと「有ることが難しい」という意味で、英語でいうと「サンキュー」よりも、「イッツ・ミラクル」に近い。

「ありがとう」は、奇跡に感謝する言葉だからだろう。

「ありがとう」を意識的に唱えることで、「大病が治った」などの奇跡を報告する人は後を絶たず、小林正観《こばやしせいかん》氏（心学研究家。年齢×一万回ありがとうを唱えると、奇跡が起こると提言している）をはじめ、何十万回も唱えることを推奨する人も多い。

僕が二〇〇五年、四国でお遍路に挑戦したときに唱えていたのも、この「ありがとう」だった。

最終的に唱えた数は、二一万と九〇回（カウンターで数えていた）。いまから振り返ると、僕の思考パターンが自分でもはっきりとわかるくらいに変わってきたのはこの時期（二〇〇四〜二〇〇五年）である。

それまでは、楽しいことをしていても、

「今度の試合負けたらどうしよう……」

「ガストにいたウェイトレスの娘に電話番号を渡しておけばよかった……」

などと、ふとネガティブなことを思い出すことが多かったのだが、それがほとんどなくなっていった。

お遍路の道中で唱えた数が二〇万回を超えたあたりで「ありがとう」が臨界点を突破し、心のデトックス効果が続いたことで、現在のポジティブな状態が持続するようになったのではないかと分析している。

「ありがとう」は、唱えるだけではなくて、紙に書くのもおすすめである。僕の場合は唱えるよりも書くほうを先に始めたくらいだ。

ノートを一冊買ってきて、「一冊を全部『ありがとう』で埋めたら、絶対に何かいいことがある」と思いながら、それを実行したこともある。すると書き終わった二日後、ＣＭの契約が一本決まり本当に驚いたものだ。

じつは、うちの奥さんに出会えたのも、「ありがとう」ノートがきっかけだった。

　正直に告白すると、僕は奥さんと出会うまで付き合う彼女はすべて見た目で選んできた。

「彼女」という存在を、ある種ブランド品のように思っていたところがあり、自慢するために高級車に乗るような感覚でタレントとかモデルとか、いわゆる一般的に「いい女」といわれる女性たちと付き合いたがったのである。

　性格などは二の次なので、当然痛い目に遭うことも多かった。

　過去の自分を否定したくはないが、僕はなかなか女性関係では情けない男だった。

「メールをすぐ返すとカッコ悪いかな」とか、くだらない駆け引きは日常茶飯事。浮気を疑って相手のケータイを勝手に見たこともあるし、疑っている自分のほうが浮気をしていたこともある。

　そんな関係が、長く続くわけはない。

自分が自然体でいられる、人生の伴侶となるような女性と出会うにはどうしたらいいのだろう。

考えただけではどうにもならないと思った僕は、CMの契約が決まったときのような、神がかった幸運をイメージして、「ありがとう」ノートを使うことにしたのである。

「この一冊を全部『ありがとう』で埋めたら、必ず素敵なパートナーが見つかる」

そう願って、時間を見つけてはノートに「ありがとう」を書き続けた。そして、ノートを「ありがとう」で埋めた直後のクリスマス・イヴに、いまの奥さんと出会うことができたのである。

世間には、すっかり婚活という言葉が定着した。しかし、理想の相手と結婚したいなら、駆け引きの多い婚活パーティーに参加するよりかは「ありがとう」を書きまくるほうが、はるかに効果的である気がする。

この成功で友人たちも「ありがとう」にご利益があると気がつき、地元での飲み会やコンパでイッキコールをするときは、「あーりがとう！　あーりがとう！　あーりがとう！」と言う伝統がいまでも続いている。

このコールをすると場が温かくなるのでなかなかおすすめだ。

朝、自分で自分を定義する

毎朝今日のテーマを三回繰り返し口にする。

一日の始めに、最高にポジティブな言葉を発する習慣をつくってしまうのだ。これは、アファメーションと呼ばれるテクニックである。

アファメーションは、起きてすぐのインスピレーションを得やすい時間に行うのがベストだ。見た夢を日記につけた後、そのまま起き上がり、場所を移動せずにベッドの上で楽な姿勢であぐらをかいて、背筋を伸ばす。そして、今日のテーマを三回繰り返し口にする。

僕が毎朝、アファメーションに使っている言葉はこのふたつである。

「私は私の気分を自由にコントロールできます」

「私は今日が最後の日だと思って、毎瞬を楽しくベストを尽くします」

その日に具体的な目標があるならば、そのことをアファメーションするといいが、ふだんはこのようなものを選ぶといいだろう。

ポイントは、「私は○○」と、自分を定義しているところだ。

自分のなりたい姿を自分で定義するのだから、「私は」で始まる言葉は、自分を変えるための最高に力強い言葉である。起きてすぐアファメーションを行えば、最高の言葉で一日をスタートすることができる。

その話を聞いた義父のヤノピー（ギタリスト。ボブ・マーレーとジョン・レノンをこよなく愛す）は毎朝、

「俺はトゥデイ、最高でベストな演奏をプレイする、DO　IT！」

と唱えているらしい。

ヤノピーの夢はドリームでは終わらせない。

気持ちのよい場所を歩く

僕は仕事やプライベートで出かけるときに、わざと目的地のひとつ前の駅で降りて一駅分歩くなど、歩くことを生活の中に取り入れている。歩くことで、気分はポジティブになり、悩みからも解放される。ランニングをする手もあるが、意志の強い人でないとなかなか続かないので歩くのが一番手軽である。

歩く場所を選べるなら、気持ちのよい場所がいい。なるべくノイズの少ない、場所を選ぶことで、さらにリフレッシュ効果も高まるだろう。家や会社の近所にパワースポットがあれば、そこを目指して歩いてみるのもおすすめだ。

いまはちょっとしたパワースポットブームなので、ネットで検索すると、いろんな場所が見つかると思う。

僕のおすすめは東京の地下鉄神谷町《かみやちょう》駅近辺である。昔の地図を見ると、神谷町駅近辺は岬だったことがわかる。海の出入り口だったこともあり、力にあふれた遺跡がたくさん残っていて、東京タワーやホテルオークラ東京の別館も古墳の跡地であり、パワースポットだらけといっても過言ではない。

街にもそれぞれの固有の振動数があるが、僕にとって神谷町駅近辺は振動数が高く、いい感じである。

心身ともにポジティブでいたいなら、住む場所もノイズが少ない場所を選ぶことも大切だと思う。

パワースポットといっても人によっては何にも響かないところもある。自分に合うかどうかを見分ける方法は、その場所に立って、目を閉じて足の裏に意識を集中する。

もぞもぞとエネルギーが這《は》いあがってくるのを感じることができれば、その場所はあなたのパワースポットである。

歩くときは、両手で軽く握りこぶしをつくるといい。

そのときに、親指の先と人差し指の先をつなげて円をつくると、歩きそのものに集中できる。

姿勢は背筋を伸ばして、後ろに少し吊《つ》られているような感じで、身体をまっすぐにして歩く。

荷物を持ち歩く場合は、リュックや斜めがけのカバンを選ぼう。片手で持つタイプのカバンでは、両手で輪っかがつくれないし、片手にだけ負荷がかかるので、身体のバランスが崩れてしまう。

ポイントは、景色全体をぼーっと眺めながら、ただ歩くことだ。街には意識を引っかけてくるものがあふれているが、

「あの看板、センスないな」

などと価値判断をしてはいけない。ものにフォーカスしてしまうと、歩くことから意識が離れてしまう。ただ、歩くことに集中すればいい。

歩くときにｉＰｏｄなどで音楽を聴くという人もいるだろう。僕もそうしているが、音楽のチョイスには気をつけてほしい。歌詞がある音楽は、言葉に意識を引っかけられてしまうので、インスト（楽器のみ）ものがベストだろう。僕は気分に合わせて、クラシックの曲をかけるようにしている。

ちなみに歌詞がある音楽は意識に与える影響も大きい。自分がよく聴く曲は、一度歌詞をしっかり見ておいたほうがいいだろう。切ない失恋の曲に共感できるからといって、失恋の曲ばかり聴いていると、思考もネガティブに引っ張られていく。

もちろん、切なさが好きな人は多く、僕も振られた後にバーで飲む切ない酒の美味しさは知っている。

しかし、人生をポジティブに生きていきたいのなら、ヘビーローテーションにするのは避けたほうが無難だ。

歩く時間は、身体に負担がかからない三〇分〜一時間くらいが理想である。二〇分以上歩くと体脂肪が燃えはじめるので、ダイエットにも効果的だ。

お金をかけてカウンセリングやジムに行かなくても、健康な精神と肉体は手に入る。

一駅分歩くだけでも、負のスパイラルから切り離されていく。

人に与える

「自分がチャンスを得たければ、人にチャンスを与えること」。

学生時代に読んだ何かの本に書いてあった。

それを読んだときは、「これは成功した人だから言えるんだ」と思って、まったく気にしていなかった。

それから数年が経ち、格闘家としてデビューした後の二〇〇一年。

僕は交通事故で怪我《けが》をして、しばらく試合に出られない時期があった。そのとき、おもしろいほど仕事仲間や後輩が離れていった。

ボクシングのチャンピオンが負けると、急に人が離れていくというが、ちょうどその縮小版のような感じだった。

それを機に与える者が得られるというのは、真実ではないかと思うようになったのである。

当時の僕は、誰にも何も与えていなかった。とくに後輩への扱いがひどくて、パシリとして使っていただけで、そこには感謝も何もなかったのだ。

「試合に出られなくなれば、そんな人間を気にかけるわけがないか。しかし、これはチャンスだ。まずは人に何かを与えることを実践してみよう」と思い、さっそく僕は後輩を呼び出した。

「最近おいしい高級イタリアンレストランを発見したから連れていってあげるよ」

いつもお世話してくれている後輩たちに、感謝の気持ちを込めて、食事をおごることにした。

「先輩、いきなりどうしたんですか。高級でなくても気持ちでうれしいです」

「遠慮するな。そこのミラノ風ドリアは格別にウマイのだ」

「なんていうお店ですか!?」

「さいぜりあっていうんだ」

「サイゼリア!?」

後輩たちは声をそろえて叫んだ。

「ふふ、高級なイタリア料理くらいで、そんなに喜ばなくてもいい」

僕は後輩が喜んでいる姿を見て心から満足した。


おごるクセをつけようと、高級焼肉店「牛角」、高級ハンバーガーショップ「モスバーガー」などで思い切って毎日おごったのである。

なんだかんだいって一週間で一〇万円ほど使った。現役時代といっても売れる前である。さすがに、こんなにお金を使ってしまって大丈夫かと不安になった。

その直後、ある喫茶店で知り合いの社長と偶然一緒になった。挨拶《あいさつ》した後、お互い別々の席でお茶をしていたのだが、帰り際に社長から、

「これ、もらってくれないかな。これからも応援してるから」

と言われて、厚みのある封筒をもらった。

中身を見ると、二〇万円入っていた。

「倍返し」

思わず一人でつぶやいた。

半信半疑での試みだったが、与えたものが別の方向から倍返しで戻ってきたのである。

それ以降、僕は人に与えるということを意識し始めたが、本当に返っ

てくるからおもしろい。

人生で壁にぶつかったときこそ、まわりの人に感謝して、その気持ちを行動で伝えてみよう。

困ったときや悩んだときこそ、自分を変えるチャンスであり、自分から与えないと何も得られないことに気づくことができる。

この世の法則とはこうだ。

自分の発するものや与えるものしか手に入れることはできない。

なぜなら僕らはひとつだからだ。

毎日を固定化しない

何かに悩んだときや、問題にぶつかったときに一番いけないのは、同じ思考パターンで、ずっとそのことばかりを考えてしまうことだ。同じ思考パターンが続くと、ふだんの生活のあいだも、ずっと悩みが頭から離れない。

そうなってしまうと、悩みは解決するものではなくなり、悩み自体に悩んでいるような状態になってくる。

悩み自体に悩んでしまう状態から抜け出すために僕が意識しているのは、生活に非日常を取り入れることである。

人は気がついたら、毎日を同じパターンで過ごし、毎日を固定化してしまっている。これは楽なようでいて案外、人生という限られた時間を無駄遣いしているのではないか。新たなインプットとアウトプットがないと、悩みから抜け出すことはもちろん、自分を成長させることもできなくなってしまう。

現役時代、僕は所属先がなかったので、練習は全部よそのジムへの出《で》稽古《げいこ》だった。

出稽古に行った国内のジムは、三〇以上はあるのではないだろうか。所属先がないことで、出稽古という非日常を取り入れることが、自然と習慣化されていたのだ。

無名のときは、空手バカ一代の道場破りのように受け取られ、危険な反則行為をされて、潰《つぶ》されそうになったことも何度かあった。

あの野郎……冗談です。

しかし、出稽古という非日常に身をおくと、つねに緊張感があるので脳が活性化され、違う思考パターンでものごとを考えられた。

入場パフォーマンスで数百万円を投じて派手なことをできたのも、出稽古でメンタルが鍛えられて度胸がついたからだ。

三〇以上のジムでいろいろな人と出会い、いろいろな目に遭ってきたというのは、いまも自分の強みになっている。

とはいえ、普通の会社員であれば平日は毎日仕事があって、物理的になかなか非日常なことはできないはずであろう。

そこでおすすめしたいのが、休みの日を非日常に変えてしまうことである。

休日はみんな自由に過ごしているように見えるが、毎週同じパターンの過ごし方をしている人は多い。

同じパターンの過ごし方といっても、ひとつの趣味に情熱を持って打ち込んでいるというのであれば、それはすばらしいことだと思う。

しかし、毎週つい家でだらだらしてしまうのであれば、いつもと違うことを意識してやってみたほうが、はるかに脳が活性化されて時間が有意義になる。

たとえば、ビジネスマンならビジネス書を読まず、あえて別のジャンルの本を読んでみると新鮮な気づきがあるはずだ。

ふだん読まない雑誌を読んでみたり、何年も会っていない友人を飲みに誘ってみてもいい。

または、いつも寄っているカフェとは別のカフェに行ってみる。

新しいことをすると、思考パターンが変わるので、世界が違って見えてくる。

「よく考えてみたら、たいした問題ではないな」

「私も悪いところがあったんだから、素直に謝ろう」

思考パターンが変わると、人間関係をはじめ、あらゆる問題の解決の糸口が発見できることが本当に多いのである。

外のトイレもそうじする

運気が上がる方法として、よく推奨されているのがトイレそうじをすることだ。

多くの経営者や著名人がトイレそうじを実践しており、一例を挙げると、パナソニックを一代で築き上げた故・松下幸之助《まつしたこうのすけ》氏は、「自分の身の回りをそうじできない者が、どうして天下国家をそうじする仕事ができようか」と語り、トイレそうじに対しても自ら行うほど熱心だったという。

みんなが嫌がるトイレそうじをすると、「謙虚になる」「感謝の心が芽生える」などの効果があり、それが行動に現れるようになると、結果として運気が上がるのだ。

僕は、家のトイレはもちろんだが、外でトイレに入って汚れていたら、必ずトイレットペーパーをくるくると手に巻いて、きれいに汚れを拭《ふ》き取ることにしている。

トイレそうじをするようになったのは単純な理由で、誰でもきれいなトイレに入ると気分がよいのと、「その店のトイレを見ればその店がわかる」と飲食店を経営している僕の両親がよく言っていたからだ。

この世界は、自分が誰かに与えたものが、得られるようにできている。悪口を言う人は悪口を言われるし、みんなにやさしくする人は、みんなからやさしくされる。

女性はわからないかもしれないが、男性は大便器で小さいほうの用を足すときに、気をつけても多かれ少なかれ便器のまわりを汚してしまうものである。

大げさに言うと、すべての男性は、トイレに入るたびにちょっとずつカルマ（業）を背負うことになるのだ。

僕はそれに気づいてから、トイレに入って汚いと、むしろラッキーだと思うようになった。

トイレが汚ければ汚いほど、そこをきれいにすれば、自分のカルマが軽くなると思ったからだ。

「今日は三カルマのノルマ達成」と僕はトイレから出ると口ずさむ。

そう、トイレはカルマの銀行なのである。

外でのトイレそうじはハードルが高いので、まずは、家のトイレをピカピカに磨いてみよう。

少なくとも次にトイレに入ったときの気分はよくなる。家族やパートナーと一緒に住んでいるなら、彼らも気分がよくなるはずだ。

トイレそうじほど運気が上がる時間の使い方はないかもしれない。

一日五分、部屋の空気を入れ替える

疲れているときは、窓を閉め切って、よどんだ空気の部屋の中で過ごし続けてしまうものだ。

よどんだ空気の中では、思考もよどんでしまう。気分を前向きにするためにも、空気の入れ替えはしたほうがいい。

僕も、家に帰ってきて「疲れたな」「やる気を感じないな」と思ったときは、すぐに空気を入れ替えることにしている。

五分だけでも空気を入れ替えると、気分はずっとよくなる。とくに朝の空気は新鮮なので、空気を入れ替える習慣をつけるといい。

自分の体内に取り入れるものが新鮮であれば、意識の浄化を助けてくれる。

とはいえ豪雨などで、空気の入れ替えをする気にならない日もある。大きな道路の近くに住んでいて、あまり空気の入れ替えをしたくないという環境の人もいるだろう。

そんな日は、お香を焚《た》いてみてはどうだろうか。お香を焚くと、香りとともに、部屋の空気ががらりと変わる。昔はアジア雑貨屋などにしか置いていなかったが、いつのまにかコンビニでもお香が置いてあったり、手軽に買うことができるようになった。

香りは好みで選んでかまわない。しかし、安いものには凝固剤などのケミカルな成分が入っているものもあるので、できるだけ植物精油などで固められたナチュラルなお香を選ぶとよい。

場を清める香りの王道はセージ（ホワイトセイジ）であろう。

セージは、臭みを消し、脂肪分を分解するハーブとして、肉料理に使われることも多い。

セージはネイティブアメリカンが古くからお清めの儀式に使用しているほど、自然界でもっとも浄化作用が強い植物と言われている。価格もそれほど高くなく、他のお香とたいして変わらない。

セージを焚くと、強い葉の香りとともに部屋の空気が一変して、思考もクリアになっていくのがわかる。

空気はふだん意識することがないので軽視しがちだが、自分のまわりの空気を快適に保つことは、部屋をきれいに保つことと同じくらい重要な自己管理の基本である。

ちなみに、空気だけでなく水も大切である。

僕は味と健康を考えた結果、アルカリイオン整水器を使っている。イオン分解で、フィルターでは取り除けない微量な化学物質が分離されるので、安全性が高いといわれている。

ある調査によると、身体に入る好ましくない化学物質の六割は水経由という話だ。

価格はピンキリだが、僕の使っているものは五万〜六万円程度。

いい人生を送りたいなら、「いい空気と水」を、意識してみよう。

本で読んだことを教える

どんなに時間がなくとも、本を読む時間は惜しまないほうがいい。本は人生への投資、人生の視野を広くすることができるからだ。

そして、本を読んで大切なのは、「これはいい」と思ったことを、すぐ実践してみることである。

ダイエットの本を読んだだけでやせた人はいないように、本で得た情報は、行動に移して自分のものにしなくては望む結果は得られない。

自分で言うのもなんだが、僕はかなり本を読むほうである。本を読むときは、気になるページには折り目をつけていき、いいと思った言葉やキーワードをノートに書き出すことを習慣にしている。

そして、「これはいい!」と思ったことは実践するとともに、人に教えるようにしてきた。

メールでも口頭でもいいのだが、学んだ知識をアウトプットすると、知識が定着して自分のものになる。

誰かに教えるときの「わかりやすく伝えよう」とする行為が、知識の定着を促進するのだ。逆に言えば、誰かに教えられないということは、知識が身についていない証拠でもある。

教えることこそ最大の学びなのだ。

ただ、教えることだけに集中してしまうと、実践を忘れがちになるので、そこには注意が必要だろう。

経済学者に大金持ちがあまりいないのは、彼らには実践が足りないいからだといわれている。

本から学んだことの実践と、得た知識を人に教えること。
このふたつが習慣化できれば、本はすばらしい教師になる。

愛あるセックスをする

不安は力を浪費するが、愛は力を与える。

愛がもたらすものほど、力強いものはないと思う。

しかし男女の関係では、しばらく付き合っていくうちに相手をコントロールしようとする傾向が強くなっていく。

自分が相手をコントロールしようとすると、相手も自分と同じようにコントロールしようとする力が働き、いつしか愛によってエネルギーを浪費し合う結果となってしまうことになる。

他人を変えることは難しく、自分を変えるほうがはるかに楽なはずなのに。

僕は、数年前にこのパターンから脱却する方法に気づいた。

それは、「駆け引きをしない」ということだ。恋人のありのままを愛せばいいのだ。なぜなら、頭であれこれ考えてしまう愛は、時間も若さも浪費してしまうからである。

愛あるセックスも大事だと思っている。

映画「アバター」で、キャラクターがそれぞれの触手をつなげて絆《きずな》を結びコミュニケーションしていたが、セックスとはまさにあのイメージだ。

相手と物理的・精神的にリンクする行為だからこそ、そこに愛がなくてはいけないのである。

これはシャーマニズム（シャーマンという呪術師の能力のもとに成立

する宗教）の教えのひとつでもあるが、男性の場合はセックスをする（射精をする）と、一緒に身体のエネルギーシステムから生命エネルギーが放出される。

そのエネルギーが妊娠という生命現象を支えているのだが、子づくり以外のセックスでは、そのエネルギーが無駄に放出されるということになる。

べつにそれでもかまわないのだが、シャーマンの教えによれば、人生の質を高めるにはエネルギーを大切にしたほうがよいといっている。

セックスをするなということではなく、愛のあるセックスをしようという提案だ。

それならお互いのエネルギーは逆に高まり、人生の質も出した分くらいは改善されるに違いない。

体験者はご存じのとおり、愛のないセックスはお互いのエネルギーと人生を浪費するだけだ。

愛のあるセックスは、エネルギーを充電してくれる。

そして、どんなサプリメントよりも、人生にうるおいをもたらす。

深呼吸する

僕はいつも呼吸を意識している。

自分がリラックスできていないときは、「無意識」に行われる呼吸をあえて「意識」して、自分の中心に「本来の自分」を戻している。

深呼吸して過呼吸状態になると前頭葉《ぜんとうよう》（考えごとをすると活性化する脳の一部分）の活動レベルが少し下がるので、「どうしよう、どうしよう」と頭が混乱している内的対話の状態を、一時的にやめることができるからだ。

深呼吸は、とくに緊張しているときに役立つ。

大きな仕事のプレゼンのとき。難しい試験のとき。好きな人に告白するとき。人生の大事なシーンで、緊張でガチガチになってしまう人は多い。いわゆる、本番に弱いタイプである。

力がはいると、いつもどおりの自分の実力を出すことは難しい。だから、本番に弱いタイプは、いつもせっかくのチャンスを逃してしまう。

そういう僕も、緊張してきたタイプである。

格闘技の試合前は、ガチガチに緊張していた。

「こうして、こうして」と、頭の中がシミュレーションでフル回転しているものの、不安ばかりが増幅されて、身体も硬直してしまうのだ（しかも、どんなにシミュレーションしても、相手はそのとおりに動かないのを知っていても）。

緊張することを「アガる」というが、緊張している人は呼吸が浅くなり上半身が硬くなるので、実際に重心が「アガって」しまうのだ。

そうなると足元がフラつき、試合ではシャープな動きはまったくできなくなるのである。

緊張した自分をリラックスさせるために、僕がいつもあらゆる本番前にトイレ（大のほう）に籠《こ》もって行っている呼吸法がある。

やり方は簡単で、鼻から息を三秒吸って、三秒間息を止める。

そして、ゆっくりと口から一〇秒かけて息を吐く。

息を吐くときは、舌を前歯の歯茎にくっつけながら吐くといい。舌が壁になって、少しずつしか息を吐けなくなるからだ。

あとは、呼吸だけに意識を集中して、これを五回繰り返す。

一セット一六秒×五回。たった八〇秒なので、トイレを長時間占領することもない。

ポイントは、三秒間息を止めていること。

さあ、いまここで深呼吸をしてみよう。

「罪ある言葉」を口にしない

自分が何気なく話している言葉に、意識を向けるべきである。自分が発する言葉が、相手を知らない間に傷つけているかもしれないから。

嫌なことがあったとき、自分のやりたいことがうまくいかないとき、ついロにしてしまうのが、他人の悪口だ。

「他人の悪口を言わない」

これは自己啓発本でよく成功のコツとして書かれている内容で、まさにそのとおりではあるのだが（悪口を言ったぶんだけ、自分も言われると考えたほうがいい）、実践するのはなかなか難しい。

自分が言わないように気をつけても、まわりの人が誰かの悪口に同意を求めてくるときもある。長年の習慣を変えることは誰にでもできることではあるが、身体に染みついているぶん短期間で変えるのは困難だ。簡単に、できるだけ悪口を言わないようにするには、どうしたらいいか。

そう考えて、僕があみだしたテクニックが、悪口を真逆の褒め言葉にして話すことである。

「あいつホント最高です」

「一生祝ってやる」

「天国に行きやがれ」

批判を賛辞に変えて口にしてみると、なんだかとても間抜けな状態となり、悪口を言うことのバカらしさが一瞬で理解できる。そして、自然と悪口を言う習慣もなくなっていく。

僕が愛読しているドン・ミゲル・ルイスというシャーマン（呪術師）

が書いた本『四つの約束』（コスモス・ライブラリー）では、悪口のことを「罪のある言葉」と定義している。

悪口は他人を傷つけ、嫌な気分にさせる。

それだけではない。悪口を言われた他人もあなたに対して嫌なイメージを持つのだから、結局は自分を傷つけることにつながっていく。

悪口、つまり罪のある言葉を使うことは、他人を傷つけ自分も傷つける、百害あって一利なしの行為だとドン・ミゲル・ルイスは断じているのだ。

意識して悪口を言わないようにすると、おもしろいことが起こる。

不思議なことに、自分の悪口をまったく耳にしなくなるのだ。

もちろん、僕の悪口は地球のどこかで言われており、それが消滅するわけではない。

しかし、自分が悪口を言わないようにすると、誰かが言った僕に対する悪口は、僕の耳にまで届かなくなる。

僕の耳に届かないのであれば、僕の生きている世界では悪口は存在しないのと同じである。

悪口が存在しない世界は、自分の手でつくりあげることができるのだ。

「怒り」をコントロールする

怒らないほうが人生にプラスであるとわかっていても、なかなかそれを実践できる人はいない。

日々の生活が平和であれば、怒る機会は減るのだろうが、毎朝満員電車に乗ることだけをとってみても、現代はストレスが溜《た》まる要因が多い。

怒りたくないけど怒ってしまう。なんとかそれを直したい。

そう感じている人は多く、それを裏付けるようにアルボムッレ・スマナサーラ著『怒らないこと 役立つ初期仏教法話1』（サンガ）など、怒ることの弊害（怒らないことの大切さ）を一冊にまとめたベストセラーも登場している。

ちなみに、同書には、

「怒る人は負け犬です。知性のかけらもありません。たんなる怒りで動く肉の塊です」

など、怒りについて相当手厳しく書かれている。

人が怒る要因の中でもっとも大きなものは、他人の言動だろう。誰かに嫌なことを言われるとすぐに言い返し、相手も熱くなって、言い合いに発展するのだ。

カーッとなってしまったときに、自分の気持ちを冷静にする特効薬のようなテクニックがひとつある。

それは、六秒黙ることだ。人の怒りは急激に瞬間沸騰する代わりに、ピークがたった六秒しか持たないといわれている。言い合いになりそうになったら何も言い返さずに、頭の中で六秒カウントする。そうすると自然と冷静になれる。

ちなみに怒りについて、格闘家は誤解されることがある。

本気で殴り合うわけだから、そこには怒りの気持ちがあるはずだと、勘違いしている人が多い。ふだんの生活で本気で殴られたら、たいていの人は怒るだろう。格闘家も例外ではない。

ただ、リングの上に存在するのは、相手の攻撃が効いたか効いていないかだけだ。反則行為をされたらともかく、ルールにのっとって殴られても、別に怒りは湧いてこない。

「ストリートファイター」シリーズなど、対戦型の格闘ゲームはライフポイントのゲージが減っていくタイプが定番だが、ちょうどあんな感じである。

怒りの力を使うのは、まだ戦うことに恐怖心が強いアマチュアだけだ(あとはテレビの演出)。

格闘技も、サッカーなどのスポーツとなんら変わらない。

それまで殴り合っていたのに、試合が終わった瞬間に格闘家同士がお互いを讃《たた》え合うのは、そこに怒りが存在しないからだ。

怒りに身を任せてしまうのは、自分をコントロールできていない証拠である。

怒りは瞬間沸騰という性質を忘れなければ、あなたは六秒間なにもしないことで、怒りを飼い慣らすことができる。

駆け引きしない

「あいつに出し抜かれたくないから、この情報はまだ内緒にしておこう」

「彼が浮気してそうだから、カマかけてみようかな」

仕事でも恋愛でも、人生において駆け引きはつきものだ。損得勘定をすることも、勝ち負けにこだわることも、駆け引きの一種である。

人生に駆け引きはつきものだ。しかし、駆け引きはときにはよいかもしれないが、不自然で好ましくない思考になったりもする。

僕も格闘技を始めたころは、強く勝ち負けにこだわって駆け引きばかりしていた。「何としてでも勝つ」という気持ちは、格闘家にとってプラスになると信じていたからである。

しかし、実際はそうではなかった。「何としてでも勝つ」と思ってしまうと、その裏にある「負けたらどうしよう」というプレッシャーによって、一〇〇パーセントの力が出せなくなっていた。

一〇〇パーセントの力を出したいのであれば、勝ち負けばかりにこだわらず、素直にベストを尽くすことに集中すればいい。それが僕の行き着いたシンプルな答えだった。

もちろん、一〇〇パーセントの力を出せれば勝てると信じて試合をするわけだが、勝ち負けよりもベストを尽くすことに集中できるようになってからは、試合内容のレベルが上がるとともに、試合の結果に一喜一憂することがなくなった。

勝ち負けに執着した結果、試合に敗れると、

「あそこをこうやれば勝てたかもしれない」

と何日も後悔するものだ。

でも、ベストを尽くして試合に負けたとしたら、その時点では相手のほうが強かったというだけなので、とてもシンプルに納得できる。

僕らは、他人の考えを読むことはできない。

勝ち負けを左右する駆け引き、つまり結果が読めないものに「相手」が引っかかったかどうかではなく、「自分」が実力を出せたかどうかにこだわるほうが後悔をしなくなり、自然といい結果も引き寄せられるのである。

一方、駆け引きで勝負してしまうと、ベストも尽くせないし、世の中のほとんどの人が駆け引きで動いているのだから、自分より頭のいい人(駆け引きのうまい人)に勝てるわけがない。

駆け引きをせずにベストを尽くすこと。

これこそがオンリーワンになる方法であり、「損か得か」の思考に支配された世界から、頭ひとつ抜け出す方法である。

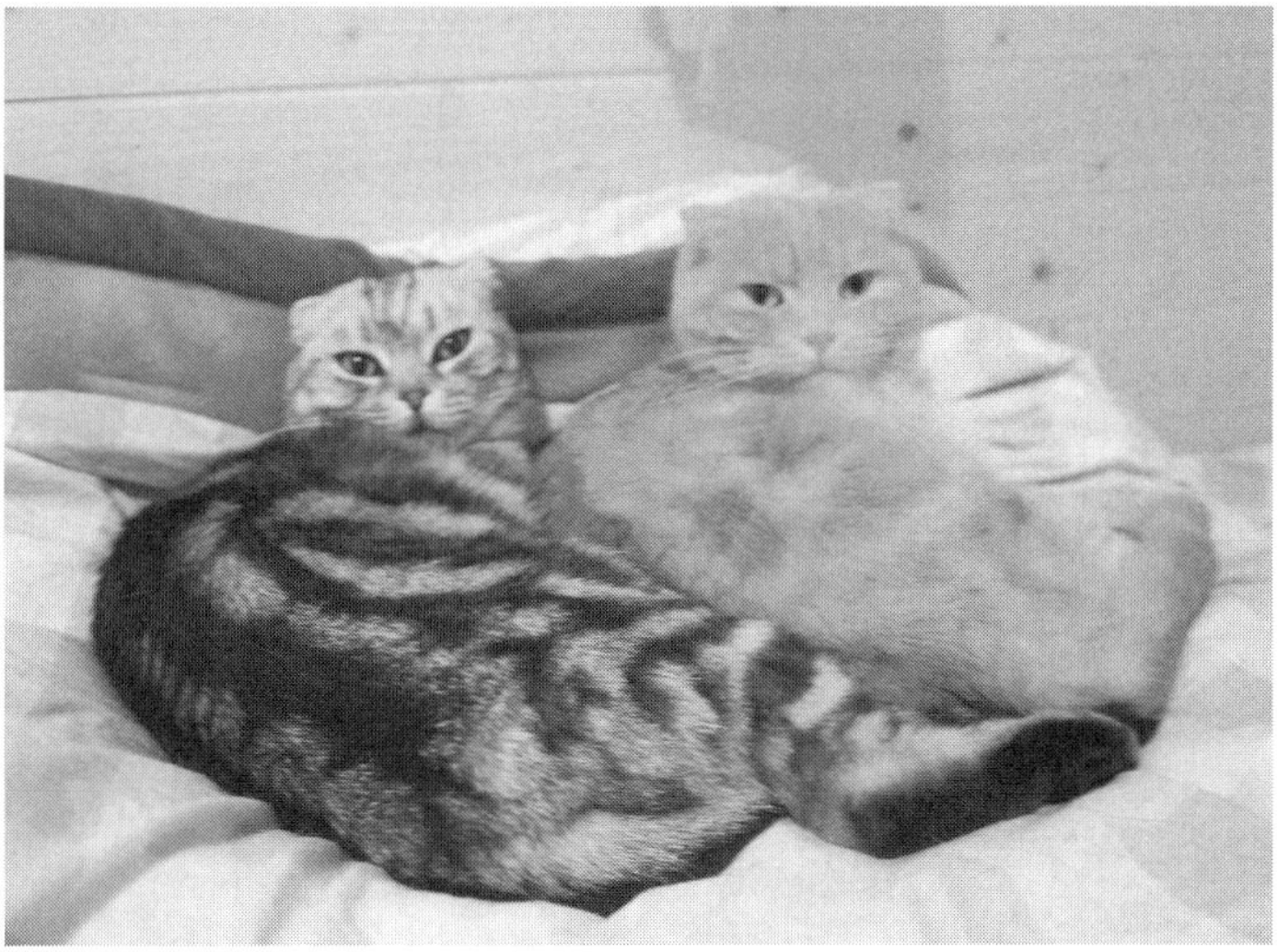

瞑想する

さまざまな悩みや問題を解決するのにもっとも効果的な方法は、内的対話（頭の中のおしゃべり）を止めることである。

内的対話を止めると、直感が研ぎ澄まされてくるからだ。

究極の方法は、瞑想《めいそう》することである。無意識の状態をつくり思考を止めることで、深い安らぎを感じ、脳が落ち着いた状態になる。

しかし、なかなか瞑想を継続してやっている人はいないようだ。

また、瞑想に対して疑いを持ったり、決まった方法がないことも、瞑想の難易度を上げている要因のひとつかもしれない。

瞑想というと、座禅を組んで行うところを想像するかもしれないが、歩きながらする瞑想もあるし、立ったまま行う瞑想もある。実際、僕は週に二回、ある寺で立ったまま瞑想している。

瞑想中に、雑念が浮かんできて集中できないときは、いいテクニックが三つある。

ひとつ目は、目を閉じて地平線をイメージするのだ。地平線には引っかかるものがないので、うまく思考をやめることができる。地平線を見たことがない人もいると思うが、その場合は一度どこかに見に行くといいだろう。

ふたつ目は、指の間に水晶を挟む方法もある。数百円で売っている棒状の水晶を指の間に挟んで軽く握ると（片手で四本、両手で八本を挟む）、指の間は脳の活動とリンクしているので、思考をやめるのを助けてくれる。

三つ目は、光のコア（まゆのようなもの）に守られているとイメージするのも効果的だ。誰かが自分のことを考えていると、瞑想中にその人のイメージが侵入してくるときがあるのだが、光のコアをイメージすると、それを遮断することができる。

「瞑想」を別の言葉に言い換えると、完全に自分の内側の世界に入り込むことだ。

カラオケ好きの人が、カラオケボックスで自分の十八番を披露して、こぶしを効かせているときは深い瞑想状態にある。

僕の場合だと、サーフィンに行って波を静かに待っているときや、踊っているときなどに瞑想状態になる。

悩んでも答えが見つからないときや壁にぶつかったときは、趣味でもスポーツでも、好きなことを思いっきりやってみるといい。

悩んでいるときにそんな余裕はないと思うかもしれないが、「お金も時間もないけどどうしよう」「でもやりたいなあ……」などと、頭の中で堂々巡りの内的対話を続けている時間こそ、もっとも無駄な時間である。

その時間を瞑想に使ってみてはどうだろうか。

湯船につかる

不安や悩みがあると、頭部の筋肉は緊張する。

でも、頭の筋肉が緊張状態かどうかは、なかなか自分ではわからない。

頭の筋肉の状態を調べる簡単な方法がひとつあって、それは、誰かに両手の指先で頭のまわりを叩いてもらうことである。

僕が昔勉強していた催眠療法サロンの先生は、訪問するたびに必ず僕の頭のまわりを軽くポンポンと叩いて、頭部の緊張状態を教えてくれた。

考えごとをしていると、これがものすごく痛い。リラックスできていると痛みはなく、心地いい刺激だと感じるので、頭部の筋肉と不安・悩みがリンクしていることを身をもって知ることができる。

受験シーズンにテレビでよく、頭にハチマキを巻いた受験生の映像が流れる。気合いを入れているだけに見えるが、じつは、あれはロジカルな行為である。

考えごとをすると眠れなくなるのは、リラックスとは真逆の状態になり、頭の筋肉が緊張してしまうからだ。受験生たちは、ハチマキで頭を締めつけることによって、頭部の筋肉を緊張させ、眠れない状態をつくりだしている。

僕は恋愛や仕事のことで、たまに友人たちから悩みを相談されるが、そういうときは必ずお風呂に誘うことにしている。お風呂のリラックス効果は不安や悩みの解消にも大きく役立つからだ。

「えっ、風呂に行くんですか？」と、友達は悩んでいる状態なので、風呂に誘ってもノリが悪いことがよくある。

しかし、湯船につかってしまえば、「お風呂いいですね」と何も話さなくても友達の悩みが軽くなっていることがほとんどだ。

お風呂を出た後、居酒屋で冷えたビールを飲みながら相談に乗る。これは僕の「お悩み相談」で鉄板中の鉄板である。

風呂でリラックスすると、脳波がアルファ波の状態になる。アルファ波の状態になると、ベータエンドルフィンというホルモンが脳内に分泌され、ストレスを軽減してくれる。さらに、頭部の筋肉もゆるむ。

リラックスして頭部の筋肉がゆるむと、ネガティブな思考はなかなかできなくなる。悩んでいることについて考えてしまっても（たとえ、嫌なことを思い出しても）、入浴中であれば悲惨な状況を想像しづらくなるのだ。

お風呂にはさらにメリットがある。発汗には、心身両面をデトックスする（毒素を排出する）効果があるのだ。汗をかくと、身体も気分も爽快になる。

現代人に悩みが多いのは、忙しくてお風呂に入る時間が取れず、シャワーだけで済ませてしまう人が増えたことも関係しているのではないだろうか。

入浴の方法にもいろいろあるが、ゆっくりと半身浴するのがおすすめだ。カラスの行水ではなくて、できるだけゆっくりと入浴して水分をたっぷりと補給するのが、心身ともにデトックスするコツである。

第二章

思考を変える

「いま」を生きる

僕がプロの格闘家になって数年経ってから、高校時代の同級生が亡くなった。自殺だった。

それまで、僕の中で「自ら命を絶つ」ということに、まったくリアリティはなかった。歴史小説に出てくる切腹シーンには、淡白で乾いた印象を持っていた。

誤解を恐れずにいえば、むしろ幕末や戦国時代の切腹には、ある種の美しささすら感じていた。

しかし、同級生の死は、そんな美しいものではなかった。

プロの格闘家になる前の僕も悩みや葛藤《かっとう》が強く、いつも不安定な状態だった。悩んで病院に入るか、暴れて刑務所に行くか。いまだから言えるが、それくらい不安の極限状態だった時期もある。

不安の状態で、僕が無意識に取った行動は極端なものだった。

それは、あえて死と向き合わざるを得ないことを仕事にすることだった。

僕が選択したのは、フランス外人部隊に入隊するか、プロ格闘家になるかだった。

結果的に格闘界に身を置くことになった僕は、少なからず死と向き合う格闘技での経験で、思考パターンが少しずつ変わっていった。

つねに危険が伴う格闘技は、ときに死に至る可能性だってある。

だからこそ、明日は何があるかわからないから、毎瞬毎秒ベストを尽くして「いまを生きよう」という気持ちが生まれてきたのである。

そして、負のスパイラルから抜け出す習慣を身につけることができた。

その後は、出会った人や本、格闘技から得たセオリー、呼吸法など、さまざまな習慣と思考法で、負のスパイラルの発生自体を抑えられるようになってきた。

悩みのない人生を送るのに必要なこと。

それは、「いま」を生きて、「いま」を少し変える勇気を持つことだけだ。

頭の中のノイズを消す

自分の人生は、自分の思考とは別のもっと大きな枠組みで動いていると感じたことはないだろうか。

二〇一〇年の秋、ロサンゼルスで僕のパフォーマンスユニット「WORLD ORDER」のライブを行った。

ライブは盛り上がり、人生初のスタンディングオベーションを経験して、自信は確信へと変わった。その確信へと変わったもうひとつの理由がある。それは、ライブ当日の出来事だった。

僕が二〇歳のころ、プロ格闘家を目指してロサンゼルスに留学していたとき、ションというアメリカ人のルームメイトがいた。僕が日本に戻ってからも連絡をよく取り合っていた。しかし、ションがドクターの資格を取るためロサンゼルスを離れてしまってから、七年近く連絡がとだえていた。

「もしかしたら、ションがロサンゼルスにいるかもしれない」

と思い、メールと電話をしたが、つながらなかった。

そしてライブ当日の昼間。休憩時間にサンタモニカのサードストリートをメンバーと歩いていると、目の前に彼が現れた。そう、ションがそこにいたのだ。僕らは声をあげて抱き合った。

「今朝起きたら、元気は何やっているのかフッと思い出したんだ。そしたらお前に出会った。信じられないよ！」

「僕も朝瞑想していると、ションのイメージが出てきたんだ。けど、まさか会えるとは思わなかった」

話を聞くと、彼はドクターになりロサンゼルスに戻っていたのだ。そして週末だったので、たまたまサンタモニカのカフェに本を読みに来たらしい。僕らには言葉では表せない感情が動いていた。

信じれば必ず夢は叶う。そして、僕らはいつでもみんなつながっていると。

僕は、頭の中のノイズ（雑音）を消す習慣を身につけてから、このようなシンクロニシティ（意味のある偶然の一致）がたびたび起こるようになった。

人間の脳は、一日に約六万〜七万回考えごとをしているといわれている。頭の中のノイズとは、考えすぎて思考がギシギシと音を立てているようなものである。

とくにネガティブな思考に包まれているときの頭の中は、パチンコ屋のように、騒がしい状態になっている。

このノイズを消すと、直感が研ぎ澄まされ、シンクロニシティが起こるというわけだ。

たとえば、目的を達成するために、自分に合ったメンター（師匠）を見つけようとしても、頭の中がノイズでいっぱいのときは、絶対にメンターとは出会えない。

でも、ノイズがない状態のときは、意図しなくても、なぜかベストなタイミングで、勝手にメンターが現れるものだ。

「生徒が準備できると教師が現れる」という格言があるが、まさにその状態だ。

なぜそうなるかというと、直感が導いてくれるとしかいいようがない。

直感は、いつもあなたに語りかけているが、ささやいてしかくれないし、頭の中にノイズがある限り、そのささやきは聞こえてこない。直感に従えば、自分が意図しなくても自然と願望は実現する。

意図せずに意図するのだ。

幸せになるためのポイントは、意識の内的対話（自分の頭の中での対話）をやめること。なぜなら意識内の対話は、否定的な方向へところびがちだからである。

頭の中でおしゃべりを続けていても、いい結果は生まれない。内的対話をやめ、高次意識のささやきに従って行動することが、成功と問題解決のスピードを速めてくれる。

「これは、いまやるべきか？」と問う

アップル社のCEO、スティーブ・ジョブズ氏は、二〇〇四年に、膵《すい》臓《ぞう》がんで余命三ヵ月～半年と告げられたことがある。

ジョブズ氏はそこから奇跡的な復活を果たすが、彼が復活できたのは、彼が一七歳から続けている、ある習慣があったからだろう。

ジョブズ氏も、一七歳のときに読んだ本がきっかけで、「今日が最後の日」だと思って生きるようになった。それ以来、毎朝鏡を見て、自分にこう問いかけているそうである。

「その仕事は本当に今日やらねばいけないのか？」

「いいえ」

　と答えることしかできなかったとき、彼はいつもやり方を変えてきた。そして、毎日を最後の日だと思って暮らしていたからこそ、余命を宣告されても生きる力を失わなかった。

　彼の成功の秘訣《ひけつ》は、毎瞬毎秒を楽しいこと、やりたいことに費やしているところにあるといえる。

　多くの人はずっと人生が続くと思っている。

　しかし、人生には終わりがある。

　だから、「これは、いまやるべきか?」「やりたいことはなんだ?」と、自分に問いかけてみることだ。

チャンスをつかまえるポイントは、思い立ったときに行動することだと思っている。

きっと、ジョブズ氏も楽しいと思ったら、すぐ行動に移したはずだ。夢や理想を持つことは大切だが、それを実行しなければ、それはないことになってしまう。

成功と失敗。それ自体には意味がない。自分が諦めるまでは。

体感時間を意識する

体感時間というものを意識して大事にする。

すると、いま自分は楽しんでいるのか、つまらないのかが、手に取るようにわかる。時計ではなく、自分の体感している時間だ。

楽しい時間を繰り返している人は、実年齢よりも若く見えるものだ。自分の感じる時間が短いと思えば、そのとおりに細胞が反応するものなのだろう。

もう二時間くらい経ったかな？　と時計をチラリと見たら、まだ一時間しか経っていないようなモノは早めに切り上げるべきだろう。

遊びでも仕事でも、楽しければ時間はあっという間に過ぎるし、つま

らないことをしていると、時間が経つのは遅く感じる。

僕は何かに参加していても、自分がつまらないと感じたら、すぐに帰るようにしている。

今日が人生最後の日だったら、居心地の悪い場所にいるだろうか？

そう自問自答すると、躊躇《ちゅうちょ》せずに帰ることができる。

人生は毎瞬毎秒の連続でできていて、僕らは過去でも未来でもなく、「いま」を生きることしかできない。


いまが楽しければ、次の瞬間も楽しい。

だから、つまらない時間を過ごしていると気づいたら、すぐに自分で終止符を打たなくてはいけない。

弱い自分を受け入れる

本当は怖い、本当は不安……。そういうときに強がるのはつらいものである。

だからといって、自分の弱さを見せることは、強がるよりも嫌だったりする。笑われる、バカにされると思ってしまうからだ。

とくに格闘技は強さを見せなくてはいけないない世界。僕も格闘技を始めたころは、いつも強がっていた。

転機になったのは、K-1という打撃だけの試合に初めて出場したときのことだ。

僕はもともとレスリングの総合格闘技の選手だったので、寝技なしの

打撃の試合は初めてという状態。なぜ出たかというと、テレビで放送されることになったからである（この時代、僕みたいな中量級の選手の試合がテレビで放送されることはありえなかった）。

当時は無名だったこともあり、まわりからは、「無謀すぎる」「なんでお前が出るんだよ」と冷ややかな視線を浴びていた。

たいしたことはないと自分に言い聞かせていたが、内心は非常に緊張していた。


試合当日、ある問題が起こった。

僕は自分の試合の三試合前にグローブをつけたのだが、打撃のグローブは、レフェリーの前で装着し、上から判子を押されてサインされてしまうので、一度つけたら、試合が終わるまで外すことはできない（グローブの中に凶器を入れないため）。

しかし、緊張していた僕は、喉《のど》が渇いて水をたくさん飲んだせいで、トイレに行きたくなってしまった。両手には指が使えないグローブ。自分でファウルカップ（金的の防具）すら外せないし、手伝ってくれる人がいないと、用を足すことは不可能だ。

「試合まで我慢できないことはないが、ボディーブローを受けておもらししたら……。ひょっとすると、瞬間最高視聴率は取れるかもしれないが、二度とリングには上がれないだろう」

そう考えた僕は、いつも支えてもらっている後輩ミヤモトをトイレに呼んだ。

「お前はいつも俺を支えてくれている。本当に感謝してるよ。そこで相談なのだが、今日は、俺の息子も支えてはくれないだろうか」

言葉の意味がわからず、困惑する後輩ミヤモトに、僕は両手のグローブを見せてアピールした。後輩ミヤモトはようやく事態を飲み込んだ後、静かに言った。

「そ、そこまでは支えられません」

「そうなんだ……」

後輩ミヤモトの言葉は深く心に刺さったが、気を取り直して、いつも支えてもらっていない後輩キヤマを呼び、先輩命令で息子を支えてもらった。

後輩キヤマに後ろから手をまわしてもらい、用を足した。

「オッス。この角度で大丈夫ですか？」

「ああ、大丈夫だ」

「もう少し角度を上げますか。オッス」

「いや、このままでいい」

「オッス。一応、ほんの少しだけ上げます」

なぜか後輩キヤマは支えている角度が気になったらしく、用を足すまで異常に角度へのこだわりを見せ続けた。

用を足して僕が控え室に戻ると、部屋は緊張感が充満していた。試合直前なので、みんなが僕を鼓舞しようと集中しているのが伝わってきた。

しかし、そのムードをよそに、思わず弱音を吐いてしまった。

「なんでこんなことやってんだろ……早くおうちに帰りたい」

後輩キヤマに支えてもらった僕は、いつもカッコつけて強がっている自分の支えを忘れて本音を言ってしまった。

「しまった」と思ったその瞬間、セコンドのみんなが笑った。入り口にいた警備員は、笑ってはまずいけど、ついこらえきれずにというふうに笑った。

試合前に弱気な発言をする格闘家がいないことに加え、さっきまで強気だった選手が急に弱気になったからだろう。

みんなが笑うと、なぜかプレッシャーもどこかに消えてしまった。膀《ぼう》胱《こう》だけでなく、気持ちまでスッキリした僕は、この試合を楽しみながらリングに上がれた。

ちなみに僕が試合のときに感じている恐怖や不安は「怪我をするかもしれない」ではない（試合中は興奮しているのであまり痛みは感じない。選手によるが）。僕が感じていた不安は「負けたらどうしよう」「力を出せなかったらどうしよう」である。なぜなら年に三〜四回のたった数十分ですべての評価が決まってしまうのがプロ格闘家だからだ。

これを機に、その後の試合から不安になったら強がらずに、弱音を吐くようになった。

「なんで殴ったり蹴ったりすることを仕事にしてしまったんだろう」

「かわりに試合してくれないか」

このような偽りの自分ではなく等身大の自分でいられるようになってから、格闘家としてのレベルが上がったような気がする。

怖いときや不安なときは、強がらずに弱い自分を肯定してはどうだろうか。自分自身を認められずにうまくいくことなど、世の中にはほとんどない。

弱い自分を受け入れると、強い自分が生まれる。この世界はパラドックスだ。

夢は具体的すぎないほうがいい

何か目標を立てて、それを紙に書いて、「自分は○○できる」と言葉にする。

よく自己啓発本で推奨されていることだが、これはたぶん正解だ。具体的な目標をイメージして、そこに向かって努力していけば目標が実現する確率は飛躍的に高まるだろう。

僕も昔はそれを実践していて、高校二年生のときから夢手帳をつけていた。日付を入れて、実現したい具体的な夢を書いていく手帳のことである。

僕の場合は、一〇年先までの夢を一年単位で書いていた。高校時代から、格闘家としてデビューできる算段もないのに、「二〇歳で格闘家デビュー」「二五歳で引退」などと、大きなことを書いていたのである。

他に実現したい夢として書いていたのは、「本を出す」「映画に出る」「CDを出す」などである。時期のずれはあるものの、おもしろいことに、夢手帳に書いたことはだいたいたい実現している。

学生のころ、友人のミコガイ君（当時九九キロ）は僕が夢手帳をつけているのを見て興味を持ってきた。

「何ですか、その夢手帳とは」

「夢手帳とは自分の夢を実現しやすくする方法なんだ」

「僕も書きたいですね」

「具体的にいつまでにと書くと効果的だよ。具体的にね」

「具体的にですね」

ミコガイ君はそう言うと一週間後に夢手帳を見せてきた。そこにはこう記されていた。

来月が回転寿司の「スシロー」で極上一貫皿（一〇五円）だけを食べ放題。

三ヵ月後が「叙々苑《じょじょえん》」で特選カルビ焼きを食べ放題。

来年は志摩の「伊勢えび祭り」で伊勢えび食べ放題。

二年後は上海に行って上海がにを食べ放題。

三年後は松阪牛一頭買いして食べ放題。

一〇年後はいつだって食べ放題！

「どうでしょうか」とミコガイ君は、ガリガリ君をかじりながら言った。

「いいね。君の夢はきっと叶《かな》う！」

しかし、あるとき僕は夢手帳をつけるのをパタリとやめてしまった。具体的すぎる目標を立てることは、自分を制限することとイコールなのかもしれないと気づいたからだ。夢手帳をつけることで、自分で自分にブレーキをかけてしまっていることを感じ始めたのである。

夢手帳には、みんながこぞって書く定番の夢が存在する。その代表が「年収一億円稼ぐ」だ。恥ずかしながら、僕も思いっきり「年収一億円稼ぐ」と書いていた。

しかし、別の見方をすれば、それを手帳に書く行為は、「自分は将来、年収一億円以上稼げない」と、決めてかかっているようなものだ。「自分はビル・ゲイツのようにはなれない」と言っているのと同じである。

もちろん夢を持つのはかまわない。しかし、しっかりとしたイメージができたら後は手放すことをおすすめする。

僕らは「いま」を生きることしかできない。

過去にも戻れないし、未来のことはわからない。だからこそ毎瞬毎秒を楽しみ、ベストを尽くしていくほうが夢手帳をつけるよりもシンプルであり、制限もなくなるのである。

具体的すぎる目標など立てずに、ベストを尽くすことに集中したほうがブレーキがかからないぶん、より早く、より大きなことを成し遂げられるのではないだろうか。

ちなみにミコガイ君（現在一〇八キロ）は夢手帳を一ヵ月ほどでやめてしまったが、食べ放題の夢は叶え続けている。

愛を起点とする

この世界は大きく分けると、愛か不安しかないと言い切っていいかもしれない。

愛で満たされている人はすべての行動が愛から始まるし、不安な人はすべての行動が不安から始まる。

不安な世界で生きるか、愛に包まれた世界で生きるかは、あなたがこの世界をどう捉えるかにかかっている。

人生は書道に例えられる。

書道で使う、「筆」「墨」「紙」の種類は数え切れないほどあるが、人生を書道に例えると、使える筆、墨、紙が限られていて、それで好きな書を書けと言われているようなものだろう。

道具はある程度限定されているが、どんな書を書くかは自由。自分をどう表現するかが委ねられている状態だ。筆、墨、紙は、人生におけるあなたの「思考」「言葉」「行動」にあたる。

思考、言葉、行動が不安を起点としている人は、この世界はばらばらで、他人と自分はまったく別の生き物だと思って生活しているものだ。不安を起点としている限り、あなたの世界は不安なことばかり起こるようになる。

でも、この世界はすべて自分の投影物だということに気づけば、愛を起点として考え、行動するはずである。すると、世界はばらばらなものではなく、すべてが自分とつながっていることを感じられるはずだ。

今日から思考、言葉、行動を、愛を起点としてみよう。いますぐあなたは愛に包まれるはずだ。

「不完全でもいい」と思う

幸せか幸せでないか。それは捉え方にあると考えている。捉え方を変えると世界は変わる。

ものごとに完璧を求め、それが実現できないと落ち込んでしまう。完璧主義者タイプの人は、プレッシャーも悩みも大きいものだ。

しかも、完璧にできないという悩みは解決することがない。ものごとに完璧なものはなく、「不完全さこそが完全」だからだ。

僕が完璧を求めることの矛盾に気づいたのは、僕の習っている書道の先生（楷書の名門、柳田家の四代目柳田泰山）の一言がきっかけだった。

「書道というのは、妥協の産物なんだ」と、芸術に完璧というものはなく、できあがった書は妥協の産物だというのである。

そういえば、著名なジャズ・プレイヤーであるビル・エヴァンスは、「ジャズと水墨画は似ている。なぜならやり直しがきかないからだ」と語っている。

ジャズが多くの人を魅了するのは、やり直しがきかない即興で生まれる、不完全なその場限りのグルーヴが美しいからだろう。

僕は現在、「WORLD ORDER」というパフォーマンスグループで音楽活動をしている。しかし、それとは別にヤノピー（義父）と、たまに小さいライブをやるのだが、お客さんの熱気を感じると一定のリズムを刻めずに、走っていいい、てしまう癖がある。

ある日、アコースティックギターのミニライブでの演奏後、僕が反省しているのを見て、ヤノピーは彼の大好きなホッピー（黒）を飲み干してこう言った。

「俺も若いころは走ってしまったものだ。いまでも走るときがあるさ。ギターを持つと俺の細胞が六〇年代に戻っちまうんだ。リメンバー・シックスティーズ」

「はぁ」

「生演奏をしているのだから、完璧なリズムを刻む必要はない。クラプトンは完璧か？　ジミヘンは完璧だったか？　お客さんの情熱やパッションを感じて走ってしまうことは、むしろいいことだ」

「わからなくもないんですが……」

「ええい、もう一度言おう。情熱やパッションを感じて走ることはいいことなんだ」

「情熱を英訳するとパッションです」

じつは、その日はリズムが走っただけでなく、けっこうお酒を飲んでいたので、一部、歌詞も飛んでしまった。しかし、ライブにきてくれた人が、

「ミスしたところが見られてよかった」

と言ってくれた。

僕のミスを見られてよかったと喜んでくれている人がいるということは、ものごとに完璧はなく、必ず両義性があるということを示している。

自分や他者の見方次第で、同じ出来事がいいことにも悪いことにも変化するのだ。

受け取り方、受け取られ方でいいか悪いかが変化する余地があるのだ

から、すべてのものごとは不完全で中立的なものだと考えるべきだろう。

完璧を求めないと楽になる。それに素敵な人ほど自分を無理に飾ったりしない。

背伸びをして完璧な自分を見せようとするのをやめたときこそ、人間的魅力は増すのではないだろうか。

自分の感情を監視する

僕らは、いつも他人の意見や行動に左右されて生きている。

女の子から「好きです」と言われれば、「みんな自分を好きなんだ」と錯覚し、「嫌いです」と言われれば、「みんな自分を嫌いなんだ」と錯覚する。

僕も現役時代、インターネット掲示板の書き込みを見て一喜一憂していた。

「ゲンキのファイトスタイルが好き」

と書いてあれば、

「ふふふっ、そうだろう。僕のファイトスタイルは最高なんだ！　自分最高！」

と、デスクトップを見つめながら微笑《ほほえ》んでいた。

しかし、ある日、「あいつはトリッキーすぎて、なんか嫌いなんだよね」と書いてあるのを見つけた。

こいつは何を言っているんだ！　と思い、すぐさま書き返した。

「あなたは須藤さんの凄《すご》さがわかっていません。この間、マハトマ・ガンジーの夢を見て、朝起きたら泣いていたと言っていました。慈悲なる心の持ち主です（ハンドルネーム『セーラー・サン』）」

すると相手はすぐに書き返してきた。

「お前はアホか！」

そして僕もすぐに書き返した。

「あんた変身して魂の灯火《ともしび》を消すわよ！」

冷静に考えると、これはとても奇妙なことだ。

他人の言葉や行動に、自分の感情が揺り動かされているということは、自分の人生が他人にコントロールされていることを意味しているからだ。


他人のいい加減な意見や行動にいちいち理性が反応し、感情が揺れ動かされてしまう状態を、ドン・ミゲル・ルイス著『四つの約束』（コスモス・ライブラリー）では、「飼い慣らし」と呼んでいる。

いつのまにか僕らは、自分ではなく他人の意見や行動に飼い慣らされていることに、疑問を抱かなくなってしまった。

飼い慣らされているままでは、自分で自分の人生をつくりだすことができない。

すべてが「他人の」気分次第になってしまうのである。

これを避ける方法のひとつは、他人の意見や行動を、自分のこととして受け取らないようにすることだ。

他人があなたのことを批判したとしても、あなたがそれを自分のこととして受け取りさえしなければ、その意見に影響されることはない。なぜなら、他人があなたについて語る言葉は、じつはその人自身の意識の内側でつくりあげた虚像の「あなた」だからだ。

本当のあなたを知っているのはあなた自身であり、他人が勝手につくりあげた虚像の「あなた」について何を語られても、それはあなたの真実ではない、ということなのだ。

コツは、つねに自分をチェックするもう一人の自分をイメージすること。これを「第二の注意力」と呼んでいる。

第二の注意力とは、自分の感情の変化を客観的に監視する力のことだ。自分の意識の上に、もう一段階意識があるのをイメージしてほしい。一段階上の意識は、精神世界では高次意識と呼ばれるものだ。

高次意識の視点（第二の注意力）で、つねにいることができれば、ムッとしたり、嫉妬したり、悔しかったりしても、その感情の変化にいち早く気づくことができる。

その結果として、一度は批判や悪口を自分のこととして受け取ってしまっても、ネガティブな感情を断ち切ることが容易になる。他人の意見に左右されない、安定したブレない自分ができあがるのだ。

やり方としては、自分の感情の変化を客観的に監視するために、自分の頭上一メートルくらいに、ふわふわと漂うもう一人の自分をイメージすることだ。そして、自分をめぐってやりとりされる意見を、高みから見物するのだ。

そこにはさまざまな誤解と、あなたを操作しようとする思惑とが満ちていることに気がつくと思う。

他人の意見や行動を気にする人は、いつもこんなふうに気を遣っているのではないだろうか。

「パーティーで寂しそうな人を一人にしないように……」

「なにか気の利いたことを言わなければ……」

つまり、自分が他人にどう思われるかを気にして、つねに他人の視線の中に自分をさがしているのだ。これを「第一の注意力」と呼んでいる。

しかし、高みに漂うもう一人の自分の視点から観察する人は、気を遣いすぎたりムッとしたり嫉妬したり悔しがったりせず、落ち着いてネガティブな感情を断ち切ることができる。他人の意見に左右されない安定したブレない自分ができあがるのだ。

ただし、そのときどきに他人の意見に対して、「あなたの言うとおり僕はダメな人間だ」とか、「そんなことはない、あなたは私を全然わかってない」とか、なにがしかの判断を加えてはいけない。

判断を加えてしまうと、結局は他人の意見に左右されてしまうことになるので、「そう思う人もいるんだ、そう行動する人もいるんだ」と、ただ中立的に観察するだけでいい。

思考のチェック機能を持てば、他人の意見に影響されにくい自分、いわば、小さなことにくよくよしない自分が少しずつつくられていく。

ちょっと上の視点から見れば、悩みや不安はたいしたものではないかもしれない。

頭の中の寄生虫のエサを減らす

人はネガティブなことを考え出すと、そればかりを考えてしまうようにできている。

人の頭の中には寄生生物がいる。

寄生虫のエサはネガティブな思考である。私たちは日々悩み、「ああしたほうがいい」「でも……」と内的対話をして、頭の中の寄生虫を一生懸命育てているのだ。

しかも寄生虫は、自分のエサをつくるために、私たちにネガティブなことを考えるように仕向けてくる。寄生虫が育てば育つほど、私たちの頭の中は悩みや不安で一杯になってしまう。

この寄生虫を弱体化させるために有効なのは、エサを与えないことだ。つまり、ネガティブな思考をやめることである。

自分がネガティブな思考をしていることに気づくには、前述した自分を監視する「第二の注意力」が必要だ。

しかし、ネガティブな思考を自分の頭の中だけで断ち切るのはなかなか難しい。なぜなら、

「ネガティブな思考をやめよう」

「悩むのをやめよう」

という考え自体が、悩みや不安を恐れるネガティブな思考ともいえるからだ。

自分の頭の中だけで思考を断ち切れないのであれば、頭の外から思考を断ち切ってしまえばいい。ネガティブな思考を断ち切る簡単な方法

は、脳とリンクしている身体を使用することだ。

僕がよく使うテクニックは、目を一〇回ぐるぐるとまわすこと。目の見つめている先と思考はリンクしていて、考えごとをしている人というのは、たいていどこか一点をじーっと見つめているものだ。騙《だま》されたと思って一度試してみてほしい。

固定されてしまっている視点を無理矢理ずらしまくることで、ポジティブ、ネガティブどちらの場合でも思考が断ち切られることを実感できるはずである。

目をまわすと、いわゆる「それはひとまず置いといて」状態を自分でつくりだすことができる。気分転換にも最適だ。

ちなみに、ある日のコンパで友人イトウ君が席の端っこで、一人で目をまわして、僕が教えたこのテクニックを実践していた。何か嫌なことでもあったのだろうか。その姿は非常に「ぶっ飛んだ人」であった。僕が彼をじっと見つめていると、横にいた女の子の一人も目玉をぐるぐるまわしているイトウ君に気づいた。そして彼女は一〇分後に帰ってしまった。

イトウ君、まずは「第一の注意力」が必要だよ。

「薔薇拭き」でネガティブイメージを消す

どうしてもネガティブなイメージを消せないときもある。

たとえば、電車の中で騒いでいる学生たちがいて、あなたは「うるさいな」と思ったとしよう。幸運なことに学生たちは次の駅で降りたが、あなたはずっとうるさい学生たちのことをイメージし続けていて、一日中、不機嫌なままになってしまった。

よくある話だが、あなたがずっと不機嫌だったのは、そのイメージを手放せなかったからだ。すでに終わったにもかかわらず、あなたはそのイメージと、ずっと一緒にいたのである。

くるくると回転する皿まわしの皿をイメージしてほしい。

あなたが冷静でリラックスしている状態のとき、あなたは自分の皿の中心に位置しているので誰にも振り回されることはない。

しかし、嫌な出来事をイメージしている状態は、その出来事の皿の端っこにあなたが乗ってしまって、ふらふらしている状態である。

イメージを手放さない限り、その世界に巻き込まれ、あなたはぐるぐると振り回され続けてしまう。


イメージを手放すことについて、ある小話がある。

あるところに、男性の修行者がふたりいた。彼らは修行中、女性に触れることを禁じられていた。ふたりが修行を続けながら旅していたところ、途中で足に怪我《けが》をした女性に出会った。

そこで、片方の修行者は、禁を破って女性をおぶって街まで連れて行ったのである。片方の修行者は女性を助けず黙って様子を見ていたが、しばらくして、ふたりはまた旅に戻った。

ずいぶん経ってから、女性を助けなかったほうの修行者が口を開いた。

「お前はルールを破ったな」

女性を助けた修行者はこう返した。

「私はもう女性を手放した。お前はまだ女性を手放していないのか」

女性を助けた修行者は、すでに女性のイメージを手放していた。女性を助けなかった修行者は、戒律にしたがって、女性に触れようとはしなかったが、本当は自分が女性に触れたかったという気持ちがあるのかもしれない。

つまりはその女性のことが、ずっと頭から離れずに気になっていたのである。

戒律を守れたとしても、ずっと女性のことを考えているのであれば、ちょっとのあいだ触れることよりも、よほど修行の妨げになるだろう。他人の皿まわしの端っこでふらふらになっているということだ。

どうしてもネガティブなイメージを払拭《ふっしょく》できないとき、僕が実践している「薔薇拭《ばらふ》き」というイメージテクニックがある。イメージ上の薔薇で、ネガティブなイメージを拭き取ってしまうのだ。

「薔薇拭き」の注意点としては、明確に薔薇の束をイメージできないと、拭いても効果がないことだ。最初は本物の薔薇の束を買ってきてじっと観察し、練習してもいいだろう。

薔薇の束を明確にイメージできたら、薔薇の束を手に持って、ネガティブなイメージに向かって、お祓《はら》いするように振っていく。黒板消しのようにイメージを消していく感覚だ。消していくにつれて薔薇が枯れていく様子もイメージする。

イメージを消し終わったら、枯れた薔薇に息を吹きかけて枯れた花びらを飛ばし、最後に手に持った薔薇の茎を捨てる。

成功するとネガティブイメージはきれいに消え去り、そのことはしばらく思い出さないようになる。

薔薇には強力な浄化作用があり、古くから入浴剤や香水など、身体の浄化に広く利用されているが、イメージの浄化にも効果があるのだ。

嫌なイメージが消えないと気づいたら、すぐに浄化する。

イメージに振り回される時間から、自分を解放してしまおう。

すべては自分の投影と考える

この世界は、すべて自分の投影である。

ある信念や考え方やあり方が、現実をつくりだしていると思っている。

もし、いまあなたが不安を感じているとしたら、それは自分自身がそれに対応した考え方やあり方を持っているということになる。

難しいと考えた瞬間、それは本当に難しくなってしまうのだ。

出会う人を観察すると、自分がふだん何を考えているかがよくわかる。

自分の投影と言われても、なかなかイメージができない人は、インターネットの検索履歴をイメージしてほしい。

自分のパソコンの検索履歴を見ると、自分がふだんどんなことを考えているかが、まるわかりになる。誰にも知られずに検索できるからこそ、飾らない正直な思考が浮き彫りになる。

グーグルに知らず知らずのうちに記録されている自分の検索履歴を見つけて、ドキッとしたことのある人も多いだろう。

ある日、食べ物のことばかり検索履歴に残っているに違いない友人のミコガイ君（一〇八キロ）の家でパソコンを借りた。

「ねえ、パソコン借りてもいいですか」

「よいですよ。好きに使ってください」

「どうせお気に入りに入っているのは食べ物系ばかりでしょ」と僕は言って電源を入れた。

「お気に入りに食べ物系……そんなことありませんよ」

とミコガイ君はクチビルをすぼめて言った。

パソコンが立ち上がり、インターネットをつなげるとトップ画面がこれだった。

「ぐるなび」

トップ画面なのね。潔い。


検索履歴は、その人の思考を投影している。

だから、思考が変われば検索履歴も変わるし、逆に検索履歴を変えれば思考も変わることになる。

あなたが出会う人や、あなたのまわりで起こる出来事は、この検索履歴のようなものである。

世界は自分の投影物なのだから、出会う人のことを変えたいのなら、まずは自分が変わるしかない。ネガティブな思考をポジティブに変えれば、出会う人もポジティブに変わっていく。

人のエネルギーが一日一〇〇ユニットだとしたら、ネガティブな感情を持つと、七〇ユニットのエネルギーが消費されると考えたほうがいい。毎日、ネガティブなことでエネルギーを浪費して、三〇ユニットで生活しているとしたら、これほど無駄なことはないだろう。

この世界を誰と一緒に生きていくかは、自分で選ぶことができる。ネガティブな投影物に巻き込まれるのではなく、ポジティブな投影物と一緒に生きていくのが、この世界を幸せに生きる王道である。

短所を信じない

悩みがあるときは、どうしてもその悩みに意識をフォーカスしてしまう。

でも、ものごとを違う視点で見ることは、大事なことである。

悩みを解決するには、視点の焦点をずらすことにより、解決策が生まれる。まずは全体を俯瞰《ふかん》してみることだ。

「悩みは悩みに対する悩みでしかない」ということを、僕は自著で何度か書いている。

しかし、悩んでいるときは、自分の短所ばかり目につくものだ。

「常識とは、一八歳までに身につけた偏見のコレクションである」

これはアインシュタインの有名な言葉だが、人は両親や友人やまわりの環境から得た価値観に合意し、自分だけの常識をつくりあげていく。だから、別の人にとっては、ある人の常識は非常識となる。そして、「常識」を「短所」に変えても、この言葉は成立する。

じつは、あなたの短所や苦手なことは、誰かの価値観でそう言われ（両親に言われる場合が多い）、それにあなたも合意したことにより、形成されたものだからだ。

たとえば、あなたが自分の短所は「時間にルーズなところ」だと思っているとしよう。

だとしたら、あなたは過去に両親や先生や友人から、

「時間にルーズだよね」

と言われ、

「そうか、私は時間にルーズなんだ」

と自分でもそれを認めてしまったはずである。

短所も、他のものごとと同じく中立なものであり、人の見方次第でいいか悪いかが変化する。時間にルーズなあなたを「だらしない」と思う人もいれば、「おおらか」だと思う人もいるだろう。短所とは、あくまで他の人の見ている、あなたの一側面でしかない。

その程度なのだから、悩みのない自由な人生を送りたいのなら、人の意見を気にする必要はないのである。

でも、もしあなたがその短所を「なくなったほうがいい」と思っているのであれば、自分の短所の存在を忘れてしまい、新たに自分をつくり直す必要がある。

「自分は時間にルーズである」ということを信じずに、日々時間を守っていくのだ。

しばらくすると、あなたはまわりから「時間を守る人」と言われるようになるだろう。その言葉が、あなたを本当に時間が守れる人に変えていく。

ただ、短所をなくしていくことよりも、長所を伸ばしていってはどうだろうか。パソコンが苦手な人が、一生懸命努力をして、パソコンをちょっと使えるようになったところで誰も評価してくれない。しかし、その人が得意なパントマイムを極めたら、世界的に評価される可能性が出てくる。

僕のイベントによく来てくれる人で、なんの前振りもなくゴムでできたピザを取りだして、くるくる回す人がいる。

空気を読まないところやテクニックから推測すると、本職のパフォーマーではないし、とくにオチもない（個人的にはオチがないパフォーマンスは嫌いではないが）。

ただ、彼はひたすらピザを回し続けるのでみんな、「あ、ピザの人だ」と顔を覚えてしまった。そしていまではイベントに彼がいないと、チーズののっていないピザのような欠落を感じるようにまでなった。

誰でもできることでも、それをかたくなに続けることで、その人の大きな魅力や個性になることもあるのだ。

自分の立ち位置でベストを尽くせば、悩みに費やすエネルギーは減少し、意味のない後悔や不安から解放されていくものだ。

短所より長所に目を向けていく。そして、短所は自分が嫌でなければあまり気にしないようにする。

足りないものではなくて、いまある長所を大切にしよう。不完全な即興グルーヴが美しいのと一緒で、「足りない」ことは、美しいことなのである。


そう、欠落は美しさだ。

エゴを手放す

誰かに何かを伝えようとするとき、人はつい否定や押しつけの言葉を使ってしまう。

「こうしないとうまくいかないよ」「そんなんじゃダメだ」と。

大学レスリング部の監督をするようになって僕が実感したのが、否定や押しつけの言葉を使っても、相手は耳を傾けてくれないということだ。否定や押しつけの言葉を使うと、相手の心に「この人は私のことをわかってないな」というバリアが張られてしまうのである。

バリアが張られると、こちらの言葉は相手に届かなくなる。

試合直前で緊張している選手を、

「落ち着け。緊張してはダメだ」

と頭ごなしに叱っても意味はない。よく考えたら、おなかを壊している人に、「いまおなか壊すのやめろ」と言っているようなものではないか。

監督だからといって無茶を言うと、張られるバリアも強力になってしまう。

相手に何かを伝えたいなら、まずは自分の考えを捨てて、素直に相手の言うことを「そうだね」と認めることだ。そうすることで、初めて相手は自分の言葉に耳を傾けるようになる。

僕が現役の格闘家だったとき、メンタルトレーナーの先生にセコンドについてもらったことがある。先生としたのは、こんなやりとりだ。

「先生ヤバイです。相手、調子よさそうです」

「そうだね。……相手は身体が動いているね。でもお前も動いてるよ」

「いや、僕はなんだか今日、本当に身体が動かないです！」

「そうかもしれない。でも大丈夫だよ、動かなくても」

「何で大丈夫なんですか」

「私が試合するわけじゃないし」

「適当なことを言わないでください」

「はは、確かに適当なコメントだ」

「どうしよう」

「まあ、一時間後には全部終わってるんだし、長い人生のわずか一時間だからどうってことないよ」

「そうですね」

不思議とこのようなやりとりで、僕は不安で崩れることなく試合に臨むことができた。

これは「イエスセット」と呼ばれるもので、まずは相手の言っていることを「イエス！」と肯定するのだ。そうすると相手は話を聞く。とてもシンプルだが同じやりとりを数年間、先生と続けていた。

ちなみに、人間関係ですべてがうまくいく魔法の言葉がある。

その言葉とは、

「まったくそのとおりだね」

これは本当に効く。

しかし、意外に難しい。

相手を完全に認める言葉は、簡単に思えるかもしれないが、家族や恋人、親友など、近しい関係になればなるほど言えなくなるものだ。誰もがエゴを持っているからである。

この世界に間違いや正しいものなどない。

相手の言っていることに対して最初に受け入れてあげるだけで、すべての人間関係はうまくいく。

たとえば、ここにある夫婦がいたとする。せっかく晩ご飯をつくって待っていたのに、旦那さんの帰りが遅くてご飯が冷めてしまい、

「あなた、帰りが遅くなるなら、一本くらい電話してくれてもいいじゃない。あなたが大好きな芋の煮っ転がしをつくって待ってたのに。悪いと思わないの？」

と奥さんが言う。

旦那さんにも悪気はなくて、電話をするタイミングを逸してしまったとしよう。

でも、旦那さんが奥さんの言葉に反応してしまって、

「俺だって、苦手な課長と苦手なキャバクラまで付き合ってきたんだ。苦手なキャバクラまで。わかってるのか？　苦手なキャバクラだぞ！」

と言ってしまっては、間違いなく喧嘩《けんか》に発展してしまう。

まず旦那さんが、

「まったくそのとおりだね。すまなかった」

と、愛をもって最初にこの一言だけ言うことができれば、奥さんも落ち着いて帰れなかった理由を聞こうという状態になる。

この一言で、小言は大喧嘩に発展せずに、お互いの気持ちを理解する時間に発展していく。

家族と仲良くできれば、人間関係の葛藤からは卒業して、次のステージに進んだと思っていい。

ちなみに、僕らはグループで生きている。グループの誰かが調子がいいときは、誰かが調子が悪くなるといったように、グループ全体でバランスが取れているのだ。そして、家族はグループのもっとも基本的なものである。

じつは一番近い人との関係性が、一番難しいのだ。家族関係がクリアできれば、会社でも、地域との交流でも、他の関係をクリアすることは容易になる。

そのためには、相手を肯定してあげることが大事である。肯定は、相手との距離感を絶妙に保ってくれる。

不安は相手を不自由にするが、愛は相手を自由にする。

相手が自分の言葉に耳を傾けてくれないと思う前に、自分が相手の言葉に耳を傾けてみてはどうだろうか。聞く耳を持っていなかったのは自分のほうだったと、驚くかもしれない。

じつは相手のエゴを受け入れてあげると、自分のエゴから解放されるのだ。


エゴを手放せば手放すほど、人生軽やかに生きられる。

「すべてはひとつ」と考える

すべてはひとつ。すべては自分とつながっている。

そう捉えることができれば、女性、男性、外国人、日本人、会社員、フリーター、賑やかな人、静かな人……出会う人それぞれの個性は、自分が「いい」「悪い」を判断するためのものではないと思える。

それらの人々は地球上にある、「愛《いと》しく美しい表現のひとつ」にすぎないと感じることができるのだ。

そして、すべての人に愛をもって接することができるようになる。すべての人も愛をもってあなたに接するようになる。

愛というと抽象的でわかりづらいかもしれない。僕らがみんなつながっているとしたら、その僕らをつなげている何かが愛だとイメージしてほしい。この世界は愛で満たされているのだから、あとはそれにあなたが気づくだけでいい。そうすれば、あなたは愛に満たされた人生を送ることができる。

愛とは、この世界を満たすエーテルであり、すべての生命の喜びのさざめきである。時間と空間を超えて、僕らは愛によって共鳴している。あなたが悲しみに浸っていればみんなが悲しい。あなたが喜びに満たされていればみんなが喜びに舞い上がる。

いつだって僕たちはつながっているのだ。

あとがき

僕の高校時代の同級生で亡くなったのは、じつは一人だけではない。もう一人、亡くなった同級生がいる。

前述したとおり、一人は自ら命を絶った。もう一人は肺がんと闘って力尽きた。

がんで亡くなった同級生とは非常に仲が良くて、高校時代はいつも一緒にウェイトトレーニングをやっていた。僕はレスリング部なのでウェイトトレーニングをして当たり前だが、彼はサッカー部だった。サッカー部なのにサッカーをやらず、なぜかウェイトトレーニングばかりをしている変わり者で、それを見たレスリング部の先生から、スカウトされていたくらいである。

男前で口数の少ない、気合いの入った友達だった。闘病中も何度か食事をしたが、彼は僕の前ではいつも明るく振る舞っていた。彼はがんと向き合い、闘うことを選んだのだ。

彼は抗がん剤治療の影響で毛髪が抜けたので、頭をスキンヘッドにしていた。

暑い時期なのに、スキンヘッドが目立たないように、ずっとニット帽をかぶっていた。ある日、僕はもっと涼しげな帽子をプレゼントしようと一緒にショッピングに行った。

「ねえ、何にする。メッシュとかのキャップのほうがいいかもしれないね」

と僕が言っても彼はあまり乗り気ではなかった。

「どうしたんだよ、気に入ったものないの?」

「そうではないんだけどさ……どうせなら香水を買ってくれないか」

彼は香水という男としてのたしなみを選択し、「いま」を生きていた。

彼は最後までがんと闘ったが、若いゆえにその進行は速く、力尽きた。


葬式のあと、同級生たちと飲みに行くことになった。卒業以来一〇年以上経っていたが、クラスメイトのほぼ全員が集まったのは初めてだった。

居酒屋に移動しても、やはりみんなの顔は悲しみに沈んだままである。

僕はみんなに向かってこう語りかけた。

「人は死んでしまうと、あの世には楽しい思い出だけしか持っていけないらしいんだ。だから、今日は悲しむんじゃなくて、彼との楽しい思い出をたくさん話すようにしようよ。彼のおかげでこうして今日はみんなの顔が見られたんだし、彼に『ありがとう』と言って乾杯しないか」

みんなで「ありがとう！」と言って乾杯したのだ。

すると、僕らのいる居酒屋の個室が、愛に包まれたのがわかった。そして、彼のつけていた香水の香りがほのかにしたのだ。

「……お前もここにいるんだね」と僕は呟《つぶや》いた。

すると、僕の頭がポンポンと何かに叩かれた。彼がいるのがわかった。

修学旅行で、先生の目を盗んでナンパした女子の部屋に行ったがうまくいかなかったことや、僕が彼の家に遊びに行ったときに、トイレが壊れていて大きいほうが流せず、大ピンチに陥ったことなど。

みんなで彼との楽しい思い出を話しているあいだ、彼がその場にいる感覚は続いた。


同級生二人の死は、僕に大きな気づきを与えてくれた。

それは、生きているのがつらいときがあったとしても、他人の言葉や自分の思い込みで悩みの海に飲み込まれてはいけないということだ。

誰もが必ず愛に満ちあふれる人生を歩むことができる。


だからあなたも毎瞬毎秒でベストを尽くして、いまを生きてほしい。

毎日が最後の日だと思ってベストを尽くして生きれば、毎日を新しい自分で生きることができるのだ。

少し照れくさいがあえて言おう。
今日はあなたの誕生日だ。おめでとう。

須藤元気

須藤元気（すどう・げんき）

1978年東京都生まれ。高校時代からレスリングを始める。全日本ジュニアオリンピックで優勝し、世界ジュニア選手権日本代表を経験。拓殖大学卒業後に渡米し、サンタモニカ大学でアートを学びながら格闘家としての修行を続け、帰国後に逆輸入ファイターとしてプロデビュー。UFC-J王者を経て、K-1やUFCなどで活躍。2006年現役引退。それ以降は作家、タレント、俳優、ミュージシャン等幅広く活躍。著書の多数がベストセラーとなる。2008年、母校拓殖大学レスリング部監督に就任。2年目で大会4冠を達成し、最優秀監督賞を5回受賞している。2009年にはダンスパフォーマンスユニット「WORLD ORDER」を立ち上げ、2010年7月に初アルバムをリリース。格闘家現役時代から掲げている「WE ARE ALL ONE」（すべてはひとつ）というメッセージは、多くの人々の支持と共感を集めている。

今日《きょう》が残《のこ》りの人生《じんせい》最初《さいしょ》の日《ひ》

2011年1月31日　第一刷発行
2012年1月11日　第四刷発行

著者　須藤《すどう》元気《げんき》
写真　須藤元気
装丁　長坂勇司
企画協力　鈴木収春
編集　依田則子
発行者　鈴木哲
発行所　株式会社講談社
東京都文京区音羽二丁目12-21　〒112-8001
電話　出版部　03-5395-3522
販売部　03-5395-3622
業務部　03-5395-3615
印刷所　慶昌堂印刷株式会社
製本所　黒柳製本株式会社

ISBN978-4-06-216629-4 N.D.C.336 191p 20cm